AF265061

Kwisikolo ebendixelenga kuso ixeshana, ndifunde lukhulu ndabona abantwana abasuka kumakhaya ahlelelekileyo, axhwalwa ziimeko ezilumezisa amazinyo. Bendinokubamba iinyembezi ngeenkophe, ndijika-jikana nendlela endingolula ngayo ingalo yam ibende ndibange bonke aba bantwana kodwa akuzanga kwenzeke. Ndiyidlalile eyam indima kwabo bendifikelela kubo, nakwabo ndingazange ndifikelele kubo, mabahlale beyazi ukuba ndiyabathanda ngokulinganayo.

EMhlangeni

U-Asanda

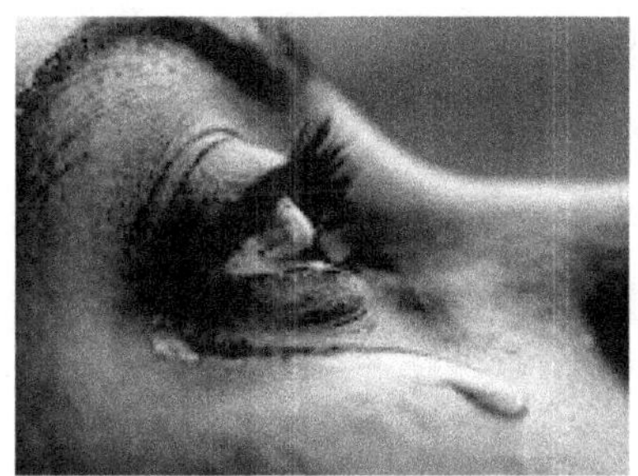

Kodwa ke noba bendinokuhamba ndiyokufika namhlanje, bendingazukufumana umsebenzi namhlanje, ndihlangule umama namhlanje. Eyona nto indigqibayo yile yokuthuma abantwana imihla ngemihla behambe benkqonkqoza emikhukhwini yabantu ekuseni, seyingathi singabona bantu baxakekileyo, nabahlupheke ukudlula wonke umntu kulengingqi.

Umakhulu wakhe wathi, indlela xa uyinqumlela uyenza mfutshane kungona ibande ngakumbi ngakumbi xa uyiqala, uyakuthi uya yinqumla kanti uyayibhotya, hayi kodwa wayethetha nje kuba emdala, kaloku ixesha labo bona xa bekhula ezinye izinto zazingekho, zazingekho esindlela zokuhamba, ecinga nzulu uAsanda zonke ezingcinga zazibaleka entloko engayazi neyona yona ayicingayo kodwa into awayezimisele kuyo kukuyokufika kulendawo wonke umntu aya kuyo, eRhawutini, inye into eyayimenza mathidala yimpilo kanina, ebona imeko emaxongo ekhayeni lakhe.

UAsanda yintombazana eneminyaka elishumi elinesine, uhlala nomama wakhe okhathazwa yimpilo, isifo sikagawulayo asimphanga thuba nesibhedlela simbuyisile, abantakwabo ababini uSiphelele noOlwethu, impilo inzima kwelikhaya akukho mntu usebenzayo, kwaye akukho galelo lisuka kuRhulumente nje ngeminye imizi isizathu sesokuba unina wabo akanasazisi sokubhalisa inkam-nkam, ngoku yimeko eseyinzima kakhulu kuba kaloku umama wakhe akasakwazi nakakuhle ukuhamba. Ngumgudu ukufumana isazisi kakhulu kakhulu emntwini ogulayo, yiyo ke lento uAsanda wayecinga zonke ezizinto, konke oku kwakusenziwa kukuba ikati yayilele eziko, exakiwe kwaye ebona ukuba iimeko zimaxongo akanacebo nabamelwane sebebudikwa zezizitya bazikhayo zomgubo-mbona, izingxotyana zeti, azibeke ke khona uAsanda zifole efestileni ukuze bakwazi ukuphinda bazisebenzise, neswekile ezingabuyiyo, abantakwabo bangamanipha-nipha, bayadlakazela.

Asanda! Latsho ilizwi elinkentezayo emva komkhukhu, unjani umama namhlanje? Wabuza uNeliswa umhlobokazi kanina.

Ulele kodwa ebekhe wawavula amehlo wancokola nathi.

Utyile kodwa?

Ewe, Anti.

Ndisaya ngaphesheya ndakudlula xa ndibuya, ndonqena ukumvusa.

Kulungile Anti.

Umama torho ndiyakholwa ulivile elalizwi qha uxakiwe, kunini walala kulabhedi, zichiphiza iinyembezi zalentombazanyana zageleza, wafixiza, nxe! Ndililela ntoni na, wazibuza.

Le ntombi enemicondo emihle, inomkhitha, inezifotho, isomi ngebala, ithe ncothu egadeni, kwaye ilihomba phantsi kwazo zonke ezimeko, chwishi yazibhetya yaya kuma ngasesangweni, ebukele abantakwabo bedlala amabhastile.

Uphethwe sisithukuthezi kuba kaloku akasenathuba lokuya kubalingane bakhe, ukhule ngesaquphe, obakhe ubomi buqakathiswe iminyaka ukuze akwazi ukucingela yena, unina, nabantakwabo.

Ndiye ke kuleRhawuti ndizakubashiya nabani na aba babini, umama kaNandi uzakundivumela na khona uba ndihlale nabo, kuba kaloku abantu abaninzi bacinga uba xa unakekela umntu onogawulayo ungugawulayo wena ubuqu, yiyo nalento sendingenabahlobo, iyhoo akhonto ingumntu, nooAyanda banqaba, ngabahlpbo bam ke abo ebesikhaphana noba kuyiwa endaweni ekufutshane ngemiGqibelo ngoku ndisuke ndalilolo elijikeleza lomkhukhu, loonto abagqithi nangendlela, laphuma ilizwi waqhwaba izandla.

Sisana! Uthetha nabani na? Wabuza umntakwabo omncinci.

Ndithetha ndodwa, lonto ndizive sendithethile.

Sowuzakumkelwa zingqondo, uKem-kem, uthetha yedwa kuba

akanangqondo ke wena iyephi eyakho?

Bayihleka bonke lenkqulo.

Nanko ephinda esithi chwishi engena endlini, unexhala, ukroba umama wakhe, nyani wafika evule amehlo olule isandla ezithathela amanzi, wavuka wahlala ngempundu waziselela amanzi, nakulebhedi ungacinga ukuba akakho kuba uthe folokohlo sele engamathambo athi kwakukho umntu apha, nokwakhiwa kobuso buyazichaza uba babakhiwe ngenyameko bucikiziwe, encumile uAsanda kuba kaloku ugqibele kudala ukubona umama wakhe esenza yonke lemigudu, wasondela kuye, emphaphatha emqolo, emhlikihla ngesandla esinobunono nesigcwele luthando, uziva ungcono na mama wavuka?

Hayi, koko ndidinwe kukulala, ndifuna ukukhe ndibone nelanga apha phandle ndiligqibele kudala.

Uzawathatha phi amandla okuphuma phandle, kukho nengqedlana apha phandle alishushwanga ncam, ngaphandle okokuba singajonga icala elifudumeleyo, kodwa limana livela litshona. Masihambe ke unyanisile nokolula imilenze le kuyawenza umehluko.

Uzakuzihambela ke?

Tyhini! Undibuza umnqa, ndim nje ofuna ukuphuma, ndizakuzama, uyakuse undincedise ke xa ubona uba ndiyoyisakala.

Uyathetha ke ngoku, bayiqhuzu-qhuzula bobani.

Yiza ndikubambe ke sihambe, watsho uAsanda ngelizwi eligcwele luthando.

Nabo ke ngcembe bayahamba baphuma phandle, uvuyo olubhalwe emehlweni amakhwenkwe phandle alunakubaliswa nabo bayavuya xa bebona umama wabo ephuma phandle, ezihambela, kodwa ke ewohlokile, engamathambo, amehlo egongxokile, etshon'ezantsi.

Limnandi elilanga litsho kamnandi apha emqolo ngase ndilibambe lingatshoni, uba bendinamandla ngendingcambaza ndiye phaya ngaphesheya, umkhozi andisamboni naye uthe cwaka akasathumeli nomntwana.

Uthetha nabani na mha?

Ndithetha ndedwa, kaloku selendiqhele ukucinga kakhulu nangoku ndiyacinga qha ke yonke lento ndiyicingayo iyaphuma apha emlonyeni.

Kulungile makhe ndikushiye wedwa okwethutyana ndibeke imbiza eziko ngoku lingekatshoni ilanga. Siphelele ndisayokupheka hlala nomama apha, uze ujike esisitulo uba elilanga litsho kabuhlungu.

Bendingayazi uba lemikhukhu seyande kangaka, kuse kwambenje-mbenje, nabantu endingabaziyo abehla benyuka kulendlela andibazi kwaphela, bayaphi na abantu balapha, alilidanga nje ixesha ndingasaphumi endlini, kutheni kuse kwaxweba ngathi kusebusika khona.

Kusebusika kanti mama, utshilo uSiphelele.

Yeyiphi yona lenyanga?

Yinyanga kaJuni, asiyanga nje esikolweni, awusiboni sidlala ilanga lonke nje.

Ingqondo ithe siba kaloku.

Bakhona kakade abantu apha ebummelwaneni?

Hayi, mha, bemka kukho abantu abatsha, kodwa andibazi uba ngabaphi mhlawumbi yena uAsanda angabazi, enye into akukho bantwana balingana nathi phaya, yiyo lento singahoyanga.

O, ndiyabona, uphi nangoku yena uAsanda engasabuyi nje?

Uthe uyapheka, ndikhe ndambona etsiba phaya ngemva.

Esiyaphi?

Inoba ikho njemama lento ayokuyicela.

Ababantwana bazakushiyeka nabani na kwelilizwe, waze wandenza unto kanantsi, lonto yonke lento ingumvandedwa ndiyaqonda yiyo lento indigqiba kakhulu, kuba kaloku ndinemibuzo emininzi engasoze iphendulwe bani, nguMdali yedwa onokundiphendula uba ebenemfono-mfono ngendimtsalela umnxeba qha ndixakiwe, inye nje into kukusebenzela ukuba ndimbone ngemini yam yokugqibela mandingangcungcutheki ziintlungu kulomhlaba, zendingcungcutheke nakwelizayo. Abahlobo bam banqabile, uba umntu ebeyazi indlela azakuyihamba, ngekunje nabethu, andiqondi, lalinyanisile elithi, isala kutyelwa sibonwa ngolophu, uba ndandimamele ngekunje kanene, yayicinga nzulu intombi yomntu, izophula ngemibuzo eneneni engenakuphendulwa mntu ngaphandle kwakhe nenkosi yakhe, wanikina intloko.

Uyathetha mama? Amakhwenkwe adlala ngexhala amane ukukrwaqula, ayayibona imeko, noko bembona phandle unina wabo wayezibonakalela ukuba ixesha selincinciza, uyathetha nje kuba ilizwi lisekhona, namehlo ayabonakala ukuba azele ziintlungu nomvandedwa.

Hayi, andithethi ndibukele nina nje.

Ndibona sowunikina intloko kaloku.

Ndiyinikina nje uba iyeyam.

Owu ke wena mama ngempoxo, ndiyakwazi kanene uqalile, encumile.

Yona ifowuni yam ayisakhali njengoba ndandingayibeki naphantsi nje, abantu bakulibala ngoku uphilayo kubeka phi kwezinkedama ndizibukeleyo, zingazi siqalo nasiphelo, zingenatyala, lento kudala ndiyijikelezisa apha kulentloko yam, ndibangacinga andiboni mntu endinokuyaleza kuye abantwana bam, *abantu abayalezwa bayalezwa xa usiya edolophini uzakubuya xa ungabuyi awubayalezi, sikhona isandla esingadinwayo siyakubakhongozela, nobajongileyo uyakube inguye othunyiwe, elungiselelwe lemeko, akayikudinwa, akayikhukhalaza, zininzi inkedama, aziyantuli sithubeni*

zinamakhaya, akuzubakho mehluko nakwezi zakho, phakamisela amehlo akho ngentla, uvule intliziyo yakho, yonke lemibuzo unayo iyakuphenduleka.

Ndiyaphupha na?

Mama, uyaphinda uthetha wedwa, uyaphupha ke nyani, ungalelanga nje.

Khawugqibe le uyenzayo, uhlukane nam.

Uzixelele namhlanje uba uzakundifumana.

Khawundiphathele amanzi torho ndisele, ndise ndoma.

Iipilisi zona ayiloxesha lazo?

Hayi kaloku mfana andikatyi.

Ndizakuthi kuAsanda akhawulezise kodwa inoba sele egqiba kudala ebuyile, ndimbonile xa engena, nevumba liyavakala.

Xa epheke ntoni le ide ibenevumba, noba upheke utswele ngamanzi kanene kuwe kukutya oko, kangangokuba uyithanda into esiwa phantsi kwempumlo.

Yhoo, ntanga, hayi umama usifumene, batsho besondela kuye.

Yhe, mama kutheni lento singayokuhlala phaya kwamalume eDwesi, inkulu landlu singonela phaya, umalume uzakumane ekusa esibhedlela xa ugula ngalamoto yakhe.

Uthetha isintwana, ecinga.

Umalume ngenye imini wayekhe weza apha wafika ulele qha zange angene, wathi kukho....

Eqoboza imehlo, emnyhikrila ngengqiniba udade wabo, mama singangena ngoku ndigqibile ukupheka uzokwazi ukutya, uthathe neepilisi zakho.

Zachiphiza iinyembezi zentombi yasemzini kuba umntakwabo ubalelwa kubantu abacwezela ngaphesheya kuye, intliziyo yayingebuhlungu yayilihlwili, kodwa yamomeleza into yokuba intombi yakhe sele indala kangangokuba ezinye izinto ikwazi ukuzinyathela ngonyawo, neencwadi ezingabhalelwanga yena engazivuli, lento yamnika ithemba lokuba uAsanda ukhulile uyakwazi ukuqiqa, uyakwazi nokuhluza, ahlenge izinto ezifanele ukufika ezindlebeni zikanina. Kodwa yona intliziyo yayisahleli kulento efuna ukuyiqonda ukuba inoba uninalume wabantwana bakhe wayezokufuna ntoni le ingaka, akugqiba angangeni endlini, engakhumbuli naxa kusithwa hayi ukutya kukhona umalume ebefikile washiya iingxowana.

Kuthe nzwanga ngexesha lokutya, indaba azaphuma, unina wabo ethe khunubembe.

Yintoni na ngoku mama, k kwakhona use kwathini?

Yilentloko iqalile.

Yayingamampunge, iingcinga lentombi zazimphethe engenacebo, wonke ubani unomhla wokuzalwa, kodwa kukho into enye eyafihlakala kwancameka ngumhla wokufa, naye wayeyicinga into yokuba uAsanda axelenge ukuze bakwazi ukuthenga okuncinci bayeke ukuxhomekeka ekurhuqeni iqhiya, kodwa yayiyingcinga efika iphinde idlule kuba eyazi ukuba lentombi seyiyiyo elixhanti phakathi kwelikhaya lincinana kangakanana, ukumka kwakhe, noba angatshona apha eMagxaki emakhitshini, kuzakubanzima kuye, kuba ecinga ukuba amakhwenkwana la aselula kakhulu.

Bendisele ndinethemba lokuba ufumene isiqabu, bendonwabe emphefumlweni ngoku ndikubona phandle elangeni, ngowungqengqa kwakho ukuze uphumle.

Wamncedisa kuyo lemigudu nomntakwabo baqinisekisa ukuba ulele kakuhle intloko ayibhokoxekanga.

Zaya.

Likhaya lomthandazo eli, kodwa ngalentshona langa umthandazo waba mfutshane, wonke ubani namakhwenkwe la enxunguphele, zacima izibane.

Ngalemini lentombi yase mzini ivuke ngophotho yomelele, ingabikwa hlaba, nangona nje yayingomelelanga kodwa wayethe qethu, ethetha ngcyona ndlela, encokola namabali akudala, kuyintswahla ngathi indlu igcwele kanti bane kuphela. Yaba yinto enkulu ke ngelilanga, kudlalwa namakhasi, mbonde kulomondlalo mnye, bonke bafuna ukuba kufutshane kunina.

Intombi yasemathileni sele imane incuma, ngamehlo anyembezana, ibona apho kungaboni mntu, kuye clilixa ngelibamba lingadluli, ukudloba kwamathodlana akhe, angazi nto.

Nankumntu etyiwa zizinja bethu, latsho ilizwi phandle, gqada uSiphelele ukuyokukroba, yangathi kukho umntu ebemlindele.

Molweni ngaphakathi.

Bavume bonke, bejongele phezulu undwendwe.

Nasi isitulo malume ungahlala.

Enkosi mtshana.

Iphi kanti imoto namhlanje?

Iyahlanjwa phaya ngaphesheya, ndithe ngoku ndisalindileyo makhe ndizobulisa, ndive nempilo uba injani apha kudade wethu.

Siphilile bhuti akhonto intsha ngaphandle kwezizivubeko sele uzazi.

Ndivuya ukwazi.

Indaba zazibunqongophala, kukho unzwanga ongaqhelekanga apha endlini.

Cwaka.

Unqabile.

Kukuxakeka nje kanti, engqondweni ndiza yonke imihla, kodwa izinto zisuke zixananaze, ndixakwe nokuqhathanisa, uba ndiqale ngeyiphi.

Hayi siyabona, ungenzi amanzi aphungwayo nje Asanda ngalomzuzu.

Akho swekile mama, watsho uAsanda ngelecawe.

Ayinamsebenzi mtshana, nam andihlelanga, andifuni noba imoto yam ixabe, kuba baninzi abantu abahlamba imoto kungakumbi ngoMgqibelo.

Cwaka.

Mandibeyindlela, ndakuphinde ndikrobe ngelinye ilanga.

Kulungile bhuti, ndiyavuya nam ukukubona.

Nisale kakuhle.

Yhehe mama, kutheni na ungaceli noba yi R100 kumalume, unayo nje.

Ayizange iwuphendule lo mbuzo kaSiphelele lentokazi yaziculela ngeliphantsi.

Khawuyeke umama wena, watsho uOlwethu, uyakuthanda ukungadlulwa ke kodwa.

Yabangathi khange kudlule mntu, yalala ikati kwelaziko, yade yarhona.

Umalume zange abenaso nesincinci isazela, kwaye ke intombi yasemzini nayo iphethwe zezayo, izixelele ukuba ayizukwehla.

Ubomi bunzima uba bunje.

Uba bethu uMfezeko lo ndandingazange ndimfundise, ndincame konke, ndincame obam ubom, ndincame eyam imfundo, ngenayo lemali aziqhenya ngayo namhlanje?

Latshona lona ilanga lingabanjwanga mntu nje, kwamnyama, zacinywa izibane emva komthandazo njengesiqhelo, zavalwa iinkophe ngabakwazi ukuzivala, azadibana ezabatyiwa ngumvandedwa, kweliqela labangawavaliyo, ikho intombi yasemzini iwavule ndzo, ngathi azakukhanyisa ibona imfante eluphahleni lomkhukhu, ingqondo ithatha ibeka, seyingathi akusi kube kanye abone ilanga elitsha ukuba liza nantoni na.

Umama ngathi uye ebangcono ngoku, kusasa kwakufuneka ndithi ndakufumana ithuba ndiye phaya ekoneni ndiyokufowuna, ingathi lelona thuba elihle eli lokuba ndiyokusebenza, naye uSiphelele xa ndinokumnqonqozisa ayazi into emakayenze ngethuba, namaxesha kamama amayeza, andiqondi uba angoyisakala, noba andidanga ndaya nakuleRhawuti, ndifumane nje indawo yokuxelenga kwalapha kufutshane, isikolo?

Siyakukhe sime kancinci ndakubuya ndisibone, kuba nanku nomalume, athi eyazi imeko, angabuzi nelimdaka, into ethetha ukuthi, kufuneka ndibhinqele phezulu, singadanga soyele kakhulu, inoba naloonto iyakumvuyisa umama, mhlawumbi sele sonqena nje ukuba andixelele.

Zaya.

Nina izikolo ziyavulwa kusasa kuzakufuneka nindinike iimpahla zenu zesikolo ndizijonge ukuba azikrazukanga na.

Izihlangu mna uAsanda andinazo, watsho ngelisezantsi ilizwi uOlwethu.

Nam nje, wongezelela uSiphelele.

Nizakukhe ninyamezele ke, nam andiyazi uba ndithini, ezam Siphelele azikulingani?

Wena uze uthini?

Azange libenamphenduli ke elo, kwee nzwanga.

Yhoo, ntanga uzakunxiba izihlangu zamantombazana, eyethula phezulu intsini.

Andizukujika ndibeyintombazana nje, kwaye oo*bata* bayafana, akho mohluko phakathi kwabamantombazana nabamakhweknwe.

Utsho nje kuba uxakiwe wena, uyaxoka, abamantombazana baqumbile apha phambili, esitsho ekhomba ezimpumlweni zezihlangu.

Yimfitshi-mfitshi yonke le uyitshoyo, uzakukhe ubhale oo*ten* ke wena ngeminwe ngoku mna ndinxibe izihlangu zamantombazana apha ecaleni kwakho.

Khaniyeke okukuxhwithana nina kwaye niyangxola nizakude nivuse umama kanti usalele kamnandi.

Yilento intloko nkulu le ingevayo.

Uqala enye ke ngoku, ibizizihlangu, ngoku uqala izithuko, ndizakuse ndiniphoxe ke mna, ebudikwa usisi wabo.

Yayingekuko nokudikwa phofu ngaphandle nje kokuba eyazi ngaphakathi entliziyweni ukuba ukuphuma kwelanga elitsha kuza neenzima kwalo, yayikhulile lentombi ngokokuqiqa seyiqhelile ukuba ngumfazi omdala womzi, ekufuneke acinge ngento ezakutyiwa, kusasa, emini, nasentshonalanga.

Amantombazana angangaye kwixesha lanamhlanje akanalo ixesha lokucinga zonke ezonto, ngaphandle kokucinga ngokwenza iinwele, iinzipho kuAsanda yayizinto angazicingi nokuzicinga kangangokuba wayexakekile ngengqondo, nokweneka amabatha ecela izitya yayingeyongxaki tu kuye kuba wayeyazi ukuba uba angangayenzi loonto umama wakhe akanokukwazi ukusela iipilisi.

Yintombi ethobileyo, ethandekayo, iimeko ziyamsuka umntu noba ebezakubayintoni, kukho into emthobayo umntu apha ebomini 'indlala', ikratshi emntwini olambileyo, nobehlutha kakade uthi yaku tywa ikati eziko, iphele yonke lonto, ifana nqwa ke nelixa lokukhumbula umthandazo xa zithe nkxi.

Nkqo, nkqo, nkqo.

Ngubani na lowo ekuseni apha?

Khawuyeke ukumbombozela uvule ucango olu.

Khwasu inkwenkwana encinci yavula ucango.

Ninjani ngaphakathi.

Siphilile.

Usalele na umama wakho?

Ewe, ndiyabona udiniwe izolo uhleli kakhulu ngempundu, kwaye ebencokola, sidlala namakhasi.

Ndibone unyokolume ngenyimini..

Ewe ebekhe wadlula.

Bekungekho nto imbi kodwa.

Hayi, ebebulisa nje.

Nam bendifuna ukuva nje impilo, ngelalanga bendithe ndiyadlula ndabuya ilanga selitshonile andakwazi ukungena kwaye bendingekamisi nembiza, enye into endiphazamisileyo yilamikhukhu ibisitsha phaya ngezantsi, bendisayokukroba nalapho.

Sive nje uyeyeye; sabona nomsi kodwa khange sizidine.

Nincedile, ningabomshiya kaloku umama wakho yedwa.

Asimshiyi kanti.

Wenza umsebenzi omhle Asanda, ungadinwa mntwanam, ngunyoko lo, mthwale, naye xa ibinguwe ebezakwenza njalo, amakhwenkwe azakhe afike pha kum, xa sele liphakamile ilanga.

Kulungile ndakubakhumbuza.

Mandinishiye ke, ndakubona ngabo, ubulise wethu kumama wakho.

Kulungile ndakwenza njalo.

Salani kakuhle.

Yendlulani, ndizakube ndipholisa isidudu ndizokwazi ukupha umama amayeza wakhe, azohlamba.

Yigem kaOlwethu.

Zeningandisokolosi ke ngalentsasa andiqondi uba ndinamandla okuthetha.

Kukho isithukuthezi esingaqhelekanga kulendlu, kukho ubumnyama obungaqhelekanga nangona ilanga liphumile, ingqondo ka Asanda ithatha ibeka nangona intliziyo xa ebona unina elele. Ephumle, ecinga nangelanga eliphambi kwakhe ekufuneka elithwele emagxeni wakhe kodwa wayengaziva oyisiwe koko, ezinye zezinto awayeqonda ukuba zimmele zazingamlingananga kwaye engenampendulo. Akhona amaxesha apha ekuphileni afuna ukuba uvule intliziyo uthethe kubekho umntu okumamelayo, ubhodle konke, ukhale uba unako, kubekho isandla esithi, kuzakulunga, lentombi yayifikelele kwelinqanaba into kunayo wayengekho lomntu unokummamela, wayengekho lomntu onokuvula indlebe, amamele olule isandla ngaphandle kokugxeka, wayengekho lomntu amthembe kangakuba angathetha ngezixaka-xaka zendlu yakowabo, wayengekho lomntu anokulila phambi kwakhe amosule iinyembezi ngokwenene nangenyaniso.

Ndiniphakele isidudu?

Andisifuni mna esam mna ngoku, yatsho inkwenkwana.

Sapha esam Asanda, myeke lo unamabhongo.

Egqithisa uAsanda isitya saphuncuka sachitheka isidudu, saa endlini, sirhiphiliza singcolisa yonke indawo, washiyeka ebambe ongezantsi umlomo, ngumvandedwa.

Bonke bajonga ngasebhedini ixhala ilelokuba baphazamisa umama wabo olele zolileyo, zange sinyakaze nakancinci isigulane, cwaka.

Okombane intombazana encinci yacoca, ngokungathi wenzela ukuba athi umama wakhe evuka angaboni nobungqina obuncinci ngesisehlo. Uthe xa egqiba wabe ezixelela ukuba kufuneka aphakele unina azokukwazi ukumnika amayeza wakhe. Ngokukhawuleza waphakela inina wasipholisa emnyango, wakhupha amayeza ngokomlinganiselo.

Mama!

Mama, nasi isidudu sakho, vuka uzokutya usele neepilisi zakho.

Cwaka.

Wabeka isitya ecaleni komandlalo, bamba apha Olwethu, embambisa amanzi asekomityini.

Mama, emshukumisa.

Uye ngesandla ezama ukumshukumisa, efuna nokumncedisa ukuze ngempundu, wase walutywantsi.

Mama, Sphelele, khawubambe ngaphaya, jikela ngaphaya komandlalo, bothukile xa bebonke, bekhamnqisiwe kuba zange yenzeke lento yenzekayo, namehlo eyengezelisa iinyembezi.

Mama, mama, mama.

Siphelele biza uAnti phaya, ngokukhawuleza.

Wafika ngathi ebelinde ecaleni kwendlu, sebethe xhonkxosholo beme ngenyawo.

Wafika nje lomfazanyana, wangqala emandlalweni naye amehlo ewakhuphe nangemva, wabeka isandla esifubeni, entanyeni, esihlahleni, wabuqwalasela, wayalela abantwana ukuba bamele kude.

Watsala ingubo, bhu ebusweni.

Incwadi evela kumama

Ntombazana!

Makhulu.

Khawuvel'apha.

Gqada uKhanyisa ngaphakathi endlini.

Utheni wamenyezela imilenze kangaka wenzani phaya phandle?

Siyancokola makhulu.

Uncokola nabani?

Noo Zizo.

Khawuvule lencwadi ishiywe nguMqwathi apha, uyifunde, kaloku andisaboni kakuhle.

Eyithatha.

Ebefike nini, khange ndimbone.

Ubuzakumbona phi, nijongene ebusweni noZizo

Hayi makhulu yeyam nje, yho, ebetheni bethu umama ade abhale inguye wonke, tyhini uzisokolisile, yonke lento ayibhale apha ngesuke wandifowunela.

Khawufunde uyeke ukushwaqa oku.

Hayi yeyam, ndizakuzifundela kuqala, waphuma phandle ebaleka.

10037 Soni St.

Duka Location
Aliwal
3960
12 Meyi 2011

Dear Mafungwashe wam.

Ndiyathemba kuphiliwe ekhaya, nihleli kakuhle nomama, nam ndiphetheke kakuhle ngaphandle nje kwezinto-yinto eziqhelekileyo ke phofu.

Inoba wothukile ke yilencwadi kodwa ke ndiqonde ukuba okubhaliweyo akufani nokuthethiweyo, kungako kukho iBhayibhile nje, eyayibhalwe kudala, sisayifunda nanamhlanje. Uze ungayigqwagqwi le ncwadi, ungayingxameli, ufunde yonke lento ndiyibhale apha, uyiqondisise. Uba ibingabalulekanga ngendingakhange ndithi ndidinwe kangaka ndiziphe elithuba ndityibeke lomqulu.

Kudala ndililindile elixesha lokuba ude ube kanti ukwelinqanaba, kwaye uyakwazi ukufunda uqiqe kananjalo. Uze uyigcine ke lencwadi, iyakukunceda apha ekukhuleni kwakho.

Ndizakuqala ngelithi; akakho umntu okuthandayo ngaphandle kwam, uba bendingakuthandi ngowungekho, yayingumqweno wam uba ube ukhona namhlanje, ndikubukele ukhula, uba ndandifuna ngowungazange ude uzalwe, amathuba avulelekile okuba uzikhethele ukuzisa umntu emhlabeni okanye ungamzisi.

Elilizwe silizwe ngalo lihle, limbeje-mbeje, lizele zizinto eziyokozelayo, imihla nezolo sibona izinto eziphandla amehlo sithi swii, kodwa uze ukhumbule ukubona, uqwalasele, uzibuze imibuzo ngayo yonke into eyenzekayo malunga nawe, isilumko asigxalatheli, siyabukela kuqala, isilumko asiwuvuli umlomo apho kungafanelekanga, siyamamela sithi cwaka, sisebenzise amathambo engqondo phambi kokuba siphendule.

Bumnandi ubomi ntombi yam, ngakumbi izinto ezenziwa emnyameni, kodwa umnqa ngowokuba, izinto ezenziwa emnyameni, iziphumo zazo zivela obala, ilanga ligqats'uBhobhoyi, zizinto zikaMdali ke ezo.

Xa sikhula amaxesha ayengafani na la, yonke le nyhikityha indenza ndibambe amazinyo, kungakumbi kuba andikuboni, yimeko le ibangela ukuba ubekude kunam, uba ndingahlala ekhaya ayinokubakho imali yokuba ufunde, kwaye ngumnqweno wam ukukubona ufunda uphumelela.

Ndiyazi nizalwa ningoonokhontoni, entloko ngalomzuzu uzibuza imibuzo emininzi uba yintoni na lembedede ndiza nayo, ayombudede ntombi yase Mathileni, yinyani nangona ikrakra uze uyiginye, uguquguquke nayo de izinze apha kuwe entloko.

Inyinyiba yintyatyambo apha entle ngokwenene, kodwa xa uyibamba ngesandla inameva, nomntu unjalo, kodwa uze undive kakuhle andithi uze ungathembi mntu, kodwa kwasekuqaleni ndithe, uze ufunde ukumamela nokuqwalasela.

Zintathu iintlobo zabahlobo, wonke umntu omaziyo uphela engumhlobo wakho, kodwa bonke abobantu bohlukile, baze ebomini bakho ngezizathu ezahlukileyo.

Abokuqala bakuthanda kuba unguwe, bezakubonwa benawe, izizathu zinokohluka, ukusuka ekubeni ukuba nawe kubabeka kwinqanaba elithile, basenokukwakha okanye bakuchithe, abesibini, bakuthanda ukuba bekuthanda, ungalila iinyembezi bazosule, uhleke bahleke nawe, abesithathu basebomini bakho njengezithunywa zikamtyholi ezakuthi xa izinto zimathumbantaka zihleke emva kwakho, zihlekise ngawe kwananjalo, uze ubehlule ke abahlobo.

Esikolweni wonke umntwana unxiba ngokufanayo, oko akuthi niyafana, oko, akuthi nisuka emakhayeni afanayo, uze uzazi ke mntwana wam apho usuka khona, umntu ozaziyo imvelaphi yakhe, akulula ukulahleka kwakhe, ngoba xa usithi gqolo unyeka indlela ohambe ngayo, uthi wakuntlitheka kubelula ukuphindela emva.

Zininzi izinto ezifundwayo esikolweni, bambi baye kufunda iincwadi, bazifunde baphumelele, abanye bafunda izimilo ezitsha, nalapho zibakho iziphumo. Icuba, utywala, iziyobisi, azifundiswa esikolweni kodwa oluqukuqela lunini lolona luyaziyo ukuba ezinto zifunyanwa phi akakho utitshala onobuchule bokwazi ukuba zingena njani esikolweni, ningoo zesazi ke, anixelelwa, ninamalungelo anirhintyelayo ekugqibeleni, nijika nibezingonyama, ndihlala ndizibuza, ukuba liyozala nkomo ni na, umonakalo undawoni, alinamphenduli, uze ungaweli kulomgodi, isilumko siyakwazi ukwahlula uhayi no ewe.

Ootitshala balemihla bathwele uxanduva, lusizi; kuba babotshwe izandla neenyawo, kuba ke bangabantu nabo nothando luyancipha ebekumele ukuba balubonisa ebantwaneni abashiywe ngabazali ezandleni zabo kuba isimilo esivezwa ngabantwana esiza nezikhali sibenza ukuba boyikisele impilo zabo nezabo bakufutshane kubo kunoba babeke ubomi babo esichengeni, ndisatsho ndithi amalungelo azakurhintyela ngenye imini uyakube uwedwa. IBhayibhile ithi, beka uyihlo nonyoko, ukuze yolulwe imihla yakho emhlabeni, ootitshala ngabazali bakho uze ubahloniphe, kodwa ukrwele umgca, oku kuthetha ukuthi, xa kukho into ongayiqondiyo, noyaziyo ukuba ayilunganga uze ungathandabuzi uyichaze njengoko injalo.

Elam ilizwi lokugqibela lithi, uze ungafundi imikhuba emibi njengokuba uye ukhula nje, izinto zingabonwa ngawe, igama lakho liphaphatheke nomoya, ulandele igama eli lakho ndakupha lona. Esikolweni ubuye neziphumo zemisebenzi yesikolo kuphela, hayi ezinye ubungayelanga zona. Ndimile.

Bulisa kuMha.

Owakho umama
Lizeka

Kukho umahluko phakathi kokumamela nokuva!

Makusetyenzwe

Isisizungu into yokuhamba kuka bhutana kuba uba ebesekhona apha ngekungekho ziyantulane ezigcwele le lali, iyandidika into yokuba ndihlale-hlale ndifunde iminyaka engaka ngathi ndandithunyiwe kanti ngoku ndizakujika-jikana nelanga ecaleni kwalendlu, ndilothe lide lindenze ndibemnyama.

Lizeka: Masambe sendigqibile, loonto liyatshisa nelilanga uba unesikhubusi ingathi ngowusithatha.

Phozisa: Kulungile, ndicinga uba ndinaso qha andiqinisekanga ukuba sindawoni apha endlini.

Lizeka: Khawulezisa lingana nokuna kangendlela lingenanyani ngalo.

Phozisa: Yitsh'uphinda.

Lizeka: Nabaya ooZolani bekhweza.

Phozisa: Uyavuya usenamehlo wokubabona.

Lizeka: Utheth'ukuthini na, wena awunamehlo?

Phozisa: Ndinawo qha ndigqibe kwelokuba ndibone izinto endifanele kukuzibona.

Lizeka: Ezi zintoni na

Phozisa: Iziyantulane andifuni kuzijonga ngokuba andifuni kudina nam sendihamba le bayihambayo.

Lizeka: Into zakho!

Phozisa: Ndinyanisile kanti, uba ungabahoya, uzakude ubazi apho bayakhona, nawe ngoku uzibone sowufuna ukulandela.

Lizeka: Hayi suka ngubani othe ndilekehleka lula?

Phozisa: Hayi bendikulumkisa nje. Andixabani.

Lizeka: Siqala ngabani na khona ixesha namhlanje?

Phozisa: Yintsimbi yesihlanu kaloku namhlanje, loonto ke bayalibamba ixesha uba siyacotha singafika sele bepha.

Lizeka: Ngathi ndiyambona uJohn sele esiqolozele ngaphaya kweendondo.

Phozisa: Lonto banetalente abantu bangaphandle.

Lizeka: Sowune*zinofobhiya* na nawe.

Phozisa: Heee *izinofobhiya* ingena phi na apha?

Lizeka: Ndiva uthetha ngabantu bangaphandle kaloku.

Phozisa: Ngabantu bangaphandle kakade hayi kakubi, kwaye andibacaluli, ndiyancoma qha, ngendingayi nokuya phaya uba bendinento engaphaya ngabantu bamanye amazwe.

Lizeka: Basikhuthalele ke bethu.

Phozisa: Bayawabona amakroba wethu ababantu, ucinga uba zonke ezizinto bazenza mahala unotshe, qha thina silele, oko kwemka ubhutana zange kubekho nomntu onomdla wokuthatha apho ebeyeke khona.

Lizeka: Undixele ngabagxelesh'imbodlela balelali, bafuna izinto zafele-fele bengasebenzanga.

Phozisa: Uyabuya kodwa ubhutana kulonyaka uzayo.

Lizeka: Wayaphi kakade?

Phozisa: Uphesheya.

Lizeka: Yhoo akoyiki?

Phozisa: Woyika ntoni, sele eqhelile ngoku.

Lizeka: Mna andinakulunga ukuba kude nekhaya.

Phozisa: Ndiyafuna ukuhamba ndilinde yena abuye, uyakubuya sele namaqhinga amaninzi kakhulu, endilungiselele indlela.

Lizeka: Utsho na ntombi uzakukhe uthi nyebelele.

Phozisa: Ndifuna ndikhe ndiyokuvula ingqondo le nam, ndingabe ndinochuku, ndijonge uba uRhulumente wenzela bani ntoni, ndiyokuziphandela ngokwam, umzabalazo awupheli abantu yonke lento bayitolika ngendlela engeyiyo, zazabalaza iinkokheli zethu ngexesha lazo, zange zithi konele, bekumele uba nathi sibhinqe ophezulu singoluli isandla oko, sikhangele amathuba siwasebenzise.

Lizeka: Wathetha ngathi kudala lento uyicinga.

Phozisa: Ewe tyhini, kuba enyanisweni ucinga uba aba bantu balapha kuba betyiwa yindlala kwamawabo, hayi akunjalo bazokongeza kule banayo qha.

Lizeka: Uyagadla namhlanje qha ntombi.

Phozisa: Xa ndikuxelela inyani ubhutana kaloku uyasibalisela kuba naye wayengaqinisekanga, enayo indawo eyoyikayo, uthi ke xa uphumela ngaphandle kwamanye amazwe ujonga ilizwe elinomnotho oqinileyo kunalo welizwe lakho, ngokwenza njalo, xa uthumela imali ekhayeni ifike ibeninzi.

Lizeka: Injalo nyani ke?

Phozisa: Ewe tyhini injalo.

Lizeka: Wenzani ubhutana wakho phaya phesheya angasibizi nje siyokuchitha iiholide.

Phozisa: **Andimazi, sivuyela indlala le yabalekayo thina qha.**

Lizeka: Niyavuya nina.Inoba uzakubuya etshate notshata.

Phozisa: **Heee hayi ke ngoku cac'ukuba umncwasile na nawe wacinga loonto.**

Lizeka: Nditsho nje uba angasiphatheli umlungu apha.

Phozisa: **Yeyakhe ke leyo asizingeni iindaba zakhe thina.**

Lizeka: Sekuxokozela

Phozisa: **Inoba sebeqala, nabanye sebefikile, ingathi kulonyaka indebe yeyethu noko, wonke umntu uzimisele.**

Lizeka: Xa sithetha inyani neziziyungumana ziyanceda sibenento yokwenza, sibayeke aba baquqa ezindywaleni.

Phozisa: **Abanye balibele kukube becalula abanikazi bayeke ukujonga into, eyoba bayatya ayibalulekanga.**

Lizeka: Benziwa ngumona bengenzi eyabo nje babanjwe ngubani nyani.

Ixesha anilibambi ndiyaniqaphela kokwesibini ngoku, litshilo ilizwi entla, ngolwimi lwasemzini.

Sicela uxolo, asiqaphelanga.

Lakuphuma ilanga

Uba bendinamandla ngendiwel'ulwandle ngenyawo kodwa kuba andinawo ndakuphelela ekubeni ndijonge elundini ndide ndibenesiyezi kuba andilazi nokuba luphelela phi na.

Kunini inkqwithela zifika zidlula, loonto xa zize ngamandla ngathi ziza kudlula nam kodwa zindishiya ndimile, kuthi mandithathe umtshini wam ndiqhushumbise kuba neyam intloko iyaduma, qha andinawo. Liyatshona liyaphuma kuyafana, yhini na lo mthwalo ungakanana wehlika nini emagxeni am, ndibone Yehova

Makhe ndolule imicondo yam ndiyokuhlala phantsi kwalamithi yemiqunube ijongeka ngathi ipholile kwaye ayinaxhala, yhini kanti bendingumthi, ngendinaxhala, ndinexhala labagawuli, kutsh'ukuthi akukho kuphumla apha emhlabeni, zona ezintaka zibhabhayo ziyafika ngaphaya kolwandle zezona zinenethamsanqa kuba zingaya apho zifuna ukuya khona zingabhatalanga, zifikelele nakumazwe akude. Amabhabhathane ayanqwena aphelela kwalapha.

Umfana omde esukile egadeni undithe chwethe egxeni, zemka zonke ezongcinga.

Ukhangeleka ukude, ude ube nendawo ezithetha wedwa, watsho ngelizwi elinzulu.

Khange ndithethe.

Ubuthetha kanti qha inoba awuziqondanga, waqinisekisa ukuba undibonile, enyanisweni ke zange ndizive ukuba ndiyathetha.

Igama lam ndinguSipho, watsho esolula isandla ukuba ndibulise nam, esitsho ngelizwi elinzulu elandenza ndavelelwa kukoyika okukhulu.

Ndivuya ukukwazi bhuti, elam igama ndinguZola.

Ndiyakwazi, igama lakho ndilapha kuba ndikhangela wena ndivela phaya kokwenu umama wakho uthe ulapha ukubone unqumla umgaqo.

Ndathi xhwenene kuba zange ndiyicingele uba lomntu ndiqala ukumbona uyandazi ndabe mna ndingenalo nofifi, ndingazange ndimbone nasemdudweni wamasele, yaphandle into yokuba ndothukile zange ndikwazi ukuzibamba, ingqondo yathatha ibeka izibuza imibuzo ukuba ngubani lo, engowaphi, efuna ntoni, lo bhuti wayengaphethanga nephepha elincinci okanye iqwaku-qwaku lefoto kodwa uthi uyandazi, wazi negama lam, yabuya ingqondo ndizama ukucinga, noko ndandisahluleka okwam yayikokuba ndilindele yena azichaze ngokugcweleyo uba ungubani evela phi, esiya phi.

Undazela phi, ndabuza ngokungxama okukhulu nam ngoku sendifuna ukwazi lomntu uthi kudala endijongile ndithetha ndedwa kanti uyandazi, yintoni lento ayaziyo ngam, okanye yintoni le ingaka ebangela ukuba ahambe endikhangela.

Ndingakunceda ke bhuti, ngelecawe ndatsho.

Yangathi uyayazi uba ndifuna uncedo lwakho kwaye nguwe kuphela onokundinceda.

Wandenza ndoyika ngakumbi kodwa ndaziqinisa.

Ndimamele.

Okokuqala mandizichaze imvelaphi, ndisuka apha edolophini, ndingumcuphi omkhulu.

Ndaminca, liphumile ilanga.

Ungoyiki wena ntombi nokuza kwam apha ndifuna nje sincokole kakuhle, yiyo lento ndingakusanga phaya esitishini, kukho into endithemba nendinolwazi lokuba uyayazi qha ndifuna ugcwalise olulwazi ndinalo. Njengoko sele nditshilo nguwe kuphela onokundinceda, ulithemba lam, sijijana nentsokotha yetyala elikhulu ngesasehlo saphaya kwesasigodi osihamba nje basela kuyo, uba usakhumbula kakuhle kwinyanga ezintathu ezidlulileyo, ukuba lapha kwam ke akuthso uba unesandla kwesisehlo kodwa sifuna uncedo ebantwini ababekhona umfanekiso wakho uvele gca phakathi kwezininzi kwaye ubuso bakho buqhelekile kuba uhlala kwalapha kufutshane, khange kubenzima ukubuzisa ngawe, ungabinaxhala awunatyala nje sifuna ukukhangela ezizigelekeqe.

Le ntombazana incinanana ilwa ukufa esibhedlela nanamhla oku kwaye abazali bayo banxunguphele kuba kaloku le ntwazana yayingeyonxalenye yaladulubhentsu.

Uba ziyasibona ngoku, ndaziva senditshilo, enye ingqondo yam yayisele indixelele ukuba andizukumxelela kwanto kuba ndandingathembi ukuba ndiyakukhuseleka.

Thetha nje wena ntombi yonke le sizakuyithetha apha izakuphelela apha kwaye ukhuselekile ukusuka namhlanje, watsho ngathi ufunda ingqondo yam.

Ndikhuseleke njani ke ndihlala apha, nisedolophini nina?

Ngumbuzo omhle lowo, kodwa ifana nento yokuba khange undibone xa ndisiza apha kuwe, kanti ke ndingakuxelela nexesha ophume ngalo kulamasango akokwenu, nangelaxesha ubukhe wavula olwacango lungaphambili bendikujongile, kodwa uphinde waluvala wazokuvela ngasemva.

Ndonyusa amehlo am, ndamjonga ndamqwalasela, yase yangathi ndibukele umabona-kude.

Yitsho ke ntombi, ndimamele.

Andazi uba ufuna ntoni na kanye, awucacisanga, ngelizwi elisezantsi, nelingcangcazelayo, kuba ndandingayazi neyona ayaziyo xa kanti sele esazi kangaka.

Balisa nje wena, mna ndizakumemela uqale ukuphuma kwakho kulamasango akowenu, watsho lo bhuti wabe ejonge kude phesheya kwentlambo.

Ngala Mgqibelo ndandizilhlalele mna ndingacinganga kuhamba, kwafika ooThozama besithi masoluleni iinyawo, ndabe nam ndingenanto ndiyenzayo, ndahamba nabo sayokutsho phaya kwa DJ Mango, andiseli kemna kodwa bona bayasela.

Ndiyayazi lonto.

Wandiphazamisa ngelilizwi likhulu lomntu, kodwa ndaqhubeka ndatyatyadula.

Andazanga ndive sele kukho unkxwe ngaphandle wonke umntu ebalekela phandle abanye benyathelana, kuba kwakugcwele, zange ndaphuma mva mna kuba ndibaleka ukucudiswa phaya ngasemnyango, xa ndiphosa amehlo ngasemva ndawubona unobangela wolugxalathelwano kuba abanye abantu andiqondi uba babeyazi ukuba kubalekwa ntoni beva nje isikhalo bathwala abasibecwana. Ndathi ntla ngoMonde amehlo akhe abe esoyikeka esaphethe isabile ngesandla ichontsiza igazi, nam ndaxel'umbane ukuya ngasemnyango kuba ndandifuna ukuba angayazi ukuba ndimbonile na okanye hayi, kodwa ndiyayazi ukuba wandibona kuba ezontsuku wayexhaphakile kulendlela idlula apha ngasekhaya, andisamboni ngoku.

Ndizoyiva sele ndiphandle xa ibaliswa yonke lento, nesizekabani sayo, ubunyani andibazi andizukuxoka, yiyo kuphela into endiyaziyo mna.

Kwanele ntombi.

Umfo wasemzini wayecishilela lonke elixesha sithethayo, ndizokumbona xa ekhupha umtshinanyana ongaphantsi kunesandla sam xa ndiwulinganisela, wawuthi nqomfo.

Kwasuka into emagxeni yexibilili, umva ndedwa wawundiphethe ndingazange ndiyithi thsuphe nakubani le into kwaye enyanisweni ndabona yonke into ndandiyishwankathela ndisenzela ukuba nomnikazi wethaveni achaze awakubonayo kuba naye wayekhona, qha exakene necebo, kuba abaxholovane bayoyikwa kwingingqi yonke.

Esi sisifundo esikhulu kum sokuba ndahlukane nokuleqa iintaka ezikude kunam, ngoku ndihamba ndinyeka andizazi nokuba andilandelwa na kanti uba ndandihleli kulamasango kabawo ngendingenandaba ndizincokola nabakwantsasana.